이 세상의 긴 강

국립중앙도서관 출판시도서목록(CIP)

이 세상의 긴 강 / 지은이: 마종기. -- 양평군 : 시인생각, 2013
 p. ; cm. -- (한국대표명시선 100)

"마종기 연보" 수록
만해사상실천선양회의 지원으로 간행되었음
ISBN 978-89-98047-96-2 03810 : ₩6000

한국 현대시[韓國 現代詩]

811.62-KDC5
895.714-DDC21   CIP2013013084

한 국 대 표
명 시 선
1 0 0

마 종 기

이 세상의 긴 강

시인생각

■ 시인의 말

모국의 사랑으로

　　시는 내게 그리운 모국의 또 하나의 이름이었고 나는 그 모국을 애타게 정성을 다해 사랑하며 살아왔다. 그 사랑이 물기를 머금어 글이 되고 노래가 되었다.

　　　　　　　　　　　　2013년 여름
　　　　　　　　　　　　마 종 기

■ 차례 ──────── 이 세상의 긴 강

시인의 말

1

연가 4   13

연가 10   14

정신과 병동   16

해부학解剖學 교실 2   18

증례證例 2   20

증례證例 6 —샌 앤더스 아가에게   22

무용 1 —Pouline Koner 씨에게   23

장님의 눈 —자코메티 전시회   24

전화   25

바람의 말   26

한국대표명시선100 마 종 기

2

안 보이는 사랑의 나라   29
밤노래 4   34
강원도의 돌   35
며루치는 국물만 내고 끝장인가   36
비 오는 날   37
꽃의 이유   38
북해   39
우화의 강   40
물빛 1   42
눈 오는 날의 미사   43

3

보이는 것을 바라는 것은 희망이 아니므로　47
방문객　48
담쟁이꽃　49
박꽃　50
이 세상의 긴 강　51
이슬의 눈　54
섬　56
별, 아직 끝나지 않는 기쁨　58
겨울 묘지　60
개심사開心寺　62

4

그레고리안 성가 2　65
길　66
축제의 꽃　68
이름 부르기　69
알래스카 시편 1　70
꿈꾸는 당신　72
캄보디아 저녁　74
비밀 2　75
포르투갈 일기 1　76

5 그림그리기 1　81
그림그리기 4　82
아내의 잠　83
디아스포라의 황혼　84
국경은 메마르다　86
동백을 보내며　88
파타고니아의 양　91
익숙지 않다　92
북해의 억새　94
오래된 봄의 뒷길　96
길목에 서 있는 바람　98

마종기 연보　99

1

연가 4

네가 어느 날 갑자기
젊은 들꽃이 되어
이 바다 앞에 서면

나는 긴 열병 끝에 온
어지러움을 일으켜
여행을 시작할 것이다.

망각의 해변에
몸을 열어 눕히고
행복한 우리 누이여.

쓸려간 인파는
아직도 외면하고

사랑은 이렇게
작은 것이었구나.

연가 10

1

이렇게 어설픈 도시에서 하숙을 하는 밤에는 월트 디즈니의 만화 영화를 보자. 하숙이 허술해서 몽땅 도둑을 맞았으니 난로를 때는 이 극장이 격에 어울리지. 총천연색의 세상에서 나도 메뚜기가 되어보면, 밖에는 눈이 그칠 새 없이 내리고 혼자 보고 혼자 오는 발이 시리다.

2

도서관을 돌다가 무심결에 호흡기 내과 책 한 권을 뽑았더니, 겉장에는 알 케이 알렉산드리아의 사인이 있고 철필로 쓴—보스턴, 매사추세츠, 1879년 8월 2일. 1879년 8월 2일은 날씨가 흐렸다. 흐려진 철필 글씨, 무덤 속에 있는 내과 의사 알렉산드리아 씨의 손자국을 유심히 본다. 1966년을 내 책에 기입하고 나도 훌륭한 내과 의사가 될 것이다.

3

현관이 있는 집을 가지면 소리 은은한 초인종을 달고, 지나가던 친구를 맞으려고 했었지. 파란 항공 엽서로는 편지를 쓰면서 겨울을 사랑하고, 테 없는 안경을 끼고 수염을 조금만 키운 뒤, 조용히 가라앉은 목소리로 헤세의 아우구스투스를 읽으려고 했었지. 이제 당신은 알고 말았군. 길어야 6개월의 대화만이 남은 것, 6개월의 사랑, 6개월의 세상, 6개월의 저녁을. 그리고 나에게 남은 6개월의 상심을, 6개월의 눈물을 알고 말았군.

정신과 병동

비 오는 가을 오후에
정신과 병동은 서 있다.

지금 봄이지요, 봄 다음엔 겨울이 오고 겨울 다음엔 도둑놈이 옵니다. 몇 살이냐고요? 오백두 살입니다. 내 색시는 스물한 명이지요.

고시를 공부하다 지쳐버린
튼튼한 이 청년은 서 있다.
죽어버린 나무가 웃는다.
글쎄, 바그너의 작풍이 문제라니 내가 웃고 말밖에 없죠.
안 그렇습니까?

정신과 병동은 구석마다
원시의 이끼가 자란다.
나르시스의 수면이
비에 젖어 반짝인다.

이제 모두들 제자리에 돌아왔습니다.

추상을 하다, 추상을 하다
추상이 되어버린 미술 학도,
온종일 백지만 보면서도
지겹지 않고
가운 입은 삐에로는
비 오는 것만 쓸쓸하다.

이제 모두들 깨어났습니다.

해부학解剖學 교실 2

참, 저애 좀 봐라.
꼬옥 눈 감고 웃고 있는
흰 꽃으로 가슴 싼 저애 좀 봐라.

여기가 무덤이 아닐 바에야
우리는 소리 없이 울지도 못하는데

한세상 가자고 하다
끝내는 모두 지쳐 버린 곳.

네 살결이 표백되어
천장의 흰 바탕 보아라.

너를 얼리던 소년은
하나씩 외로운 척 흩어져 가고
수줍어 눈 못 뜨는 소녀야, 말해봐라.

전에는 종일 산을 싸돌고,
꽃 따먹고, 색깔 있는 침을 뱉어

저 냄새, 내리는 햇살 냄새에
너는 웃기만 했지.

우리는 두 손
숨을 멈춘다.

참, 저애 좀 봐라.
그래도 볼우물 웃고
우리 치기운 손비닥 위에
헤어지는 아늑함을 가르쳐주려는
저 애, 꽃순 같은 마음 소리 들어보아라.

증례證例 2

내 옆집 부레이셔 할머니는 여름밤 등의자에 앉아 미국 이민사를 이야기해주었다. 뉴욕 시의 교육으로 아직 안경 속에 지혜가 있어도, 보이는 쓸쓸한 발음. 자식은 성공해 옆에 없고 혼자 사는 이층 방에 빛나는 과거의 사진들.

병원에서 위독을 알려도 그랬지. 색감 있는 카드와 항공편 꽃다발이 석양에 밝아도 방문객 없는 할머니— 당신의 외국 의사의 내 환자. 대국의 외로움이 내 눈에 보인다. 차가운 철판 부검대에서 머리를 자르고 얼굴 껍질을 벗기고 내장을 뜯어내어도 조용하게 입 다문 당신의 외로움, 내 눈에 보인다.

나는 모든 내 환자를 가장 깊이 안다. 병실의 어두운 고백을 듣고, 그 마지막
열망과 죽음이 오는 소리를 듣는다. 그래서 죽음이 천천히 혹은 돌연히 찾아왔을 때 나는 육신을 산산이 나누어 병인病因을 보고 마침내 텅텅 빈 복강의 허탈한 공간 속에 내 오랜 침묵을 넣고 문을 닫는다.

사람이여, 그리웁고 사랑스러운 사람이여, 망자의 사지에 힘주던 핏물로써 네
 눈을 이제 기억할 수는 없다. 어느 날 우리의 복강에서도 이름 모를 산꽃이 피고 변형된 생애가 다시 푸릇푸릇 자라면, 그때서야 현세의 산란한 바람을 다스려 우리는 보리라. 산골짜기 냇물 속에서 만나리라, 사람이여.

증례證例 6
— 샌 앤더스 아가에게

　내가 한 아가의 아빠가 되기 전까지는 환자는 늙으나 어리나 환자였고, 내가 아빠가 되기 전까지는 나는 기계처럼 치료하고 그 울음에 보이지 않는 신경질을 내고, 내가 하루하루 크는 귀여운 아가의 아빠가 되기 전까지는 내 같잖은 의사의 눈에서는 연민의 작은 꽃 한 번 몽우리지지 않았지.

　가슴뼈 속에 대못 같은 바늘을 꽂아 비로소 오래 살지 못하는 병을 진단한 뒤에 나는 네 병실을 겉돌고, 열기 오른 뺨으로 네가 손짓할 때 나는 또다시 망연한 나그네가 되었지. 그리고 어느 날 엉뚱한 내 팔에 안겨 숨질 때, 나는 드디어 귀엽게 살아 있는 너를 보았다. 아, 이제 아프게 몽우리졌다. 네 아픔이 물소리 되어 낮에도 밤에도 속삭이는구나.

　미워하지 마라 아가야. 이 땅의 한 곳에서 죽고 나면 그만이라는 패기 있는 철학자의 연구를 미워하지 마라. 너는 그이들보다 착하다. 나이 들어 자랄수록 건망증은 늘고, 보이는 것만 보는 눈은 어두워진단다. 그이들은 비웃지만 아가야, 너는 죽어서 내게 다시 증명했다. 살아서도 죽어서도 헤어지지 않는다.

무용 1
— Pouline Koner 씨에게

나도 당신의 무용 같은
사랑을 한 적이 있었다
하나의 동작이
깊이 가슴에 남아
그 무게로 고개를 숙여버리던
그때는 봄이던가, 가을이던가
당신이 존경하는 화가의
그 무리한 표정으로
나도 층층내를 올라가
방문을 한 적이 있었다
움직이지 않는 당신의 무용,
소리 없는 음악,
그래도 충만한 당신의 무용만큼
안부 없는 사랑을 한 적이 있었다.

장님의 눈
— 자코메티 전시회

당신은 죽었지만
당신 사랑은 남는다.
사랑 중에서도 가장 질긴
당신의 외로움만 남는다.
그 외로움의 골목길을 돌아가면
장님은 보이지 않는
눈으로 생각하고
당신은 보이지 않는
몸으로 운다.
그리하여 쓰러졌던 우리들은
다시 머리 들고
서로 다른 방향을 향해
일어선다.

전화

당신이 없는 것을 알기 때문에
전화를 겁니다.
신호가 가는 소리

당신 방의 책장을 지금 잘게 흔들고 있을 전화 종소리. 수화기를 오래 귀에 대고 많은 전화 소리가 당신 방을 완전히 채울 때까지 기다립니다. 그래서 당신이 외출에서 돌아와 문을 열 때 내가 이 구석에서 보낸 모든 전화 소리가 당신에게 쏟아져서 그 입술 근치나 가슴 근치를 비벼대고 은근한 소리의 눈으로 당신을 밤새 지켜볼 수 있도록.

다시 전화를 겁니다.
신호가 가는 소리.

바람의 말

우리가 모두 떠난 뒤
내 영혼이 당신 옆을 스치면
설마라도 봄 나뭇가지 흔드는
바람이라고 생각지는 마.

나 오늘 그대 알았던
땅 그림자 한 모서리에
꽃나무 하나 심어 놓으려니
그 나무 자라서 꽃 피우면
우리가 알아서 얻은 괴로움이
꽃잎 되어서 날아가 버릴 거야.

꽃잎 되어서 날아가 버린다.
참을 수 없게 아득하고 헛된 일이지만
어쩌면 세상 모든 일을
지척의 자로만 재고 살 건가.
가끔 바람 부는 쪽으로 귀 기울이면
착한 당신, 피곤해져도 잊지 마,
아득하게 멀리서 오는 바람의 말을.

2

안 보이는 사랑의 나라

1. 옥저의 삼베

중학교 국사 시간에 동해변 함경도 땅, 옥저라는 작은 나라를 배운 적이 있습니다. 그날 밤 꿈에 나는 옛날 옥저 사람들 사이에 끼여 조랑말을 타고 좁은 산길을 정처 없이 가고 있었습니다. 조랑말 뒷등에는 삼베를 조금 말아 걸고 건들건들 고구려로 간다고 들었습니다. 나는 갑자기 삼베 장수가 된 것이 억울해 마음을 태웠지만 벌써 때 늦었다고 포기한 채 씀바귀 꽃이 지천으로 핀 고개를 넘고 있었습니다. 드디어 딴 나라의 큰 마을에 당도하고 금빛 요란한 성문이 열렸습니다. 무슨 이유인지 지금은 잊었지만, 나는 그때부터 이곳에 떨어져 살아야 한다는 말을 들었습니다. 아버지, 어머니가 옥저 사람이 아닌 것 같은데 혼자서 이 큰 곳에 살아야 할 것이 두려워 나는 손에 든 삼베 묶음에 얼굴을 파묻고 울음을 참았습니다. 그때 그 삼베 묶음에서 나던 비릿한 냄새를 나는 아직도 잊을 수 없습니다. 그 삼베 냄새가 구원인 것처럼 코를 박은 채 나는 계속 헤어지는 인사를 하였습니다. 아무것도 보이지 않아 헛다리를 짚으면서도 어느덧 나는 삼베옷을 입은 옥저 사람이 되어 있었습니다. 오래전 국사 시간에 옥저라는 조그만 나라를 배운 적이 있습니다.

2. 기해년己亥年의 강

―슬픔은 살과 피에서 흘러나온다.
기해己亥 순교복자殉教福者 최창흡

이 고장의 바람은 어두운 강 밑에서 자라고
이 고장의 살과 피는 바람이 끌고 가는 방향이다.
서소문 밖, 새남터에 터지는 피 강물 이루고
탈수된 영혼은 선대의 강물 속에서 깨어난다.
안 보이는 나라를 믿는 안 보이는 사람들.

희광이야, 두 눈 뜬 희광이야,
19세기 조선의 미친 희광이야,
눈 감아라, 목 떨어진다, 비 떨어진다.
오래 사는 강은 향기 없는 강
참수한 머리에 떨어지는 빗물 소리는
한 나라의 길고 긴 슬픔이다.

3. 대화

아빠, 무섭지 않아?

아냐, 어두워.
인제 어디 갈 거야?
가봐야지.
아주 못 보는 건 아니지?
아니. 가끔 만날 거야.
이렇게 어두운 데서만?
아니. 밝은 데서도 볼 거다.
아빠는 아빠 나라로 갈 거야?
아무래도 그쪽이 내게는 정답지.
여기서는 재미없었어?
재미도 있었지.
근데 왜 가려구?
아무래도 더 쓸쓸할 것 같애.
죽어두 쓸쓸한 게 있어?
마찬가지야. 어두워.
내 집도 자동차도 없는 나라가 좋아?
아빠 나라니까.
나라야 많은데 나라가 뭐가 중요해?
할아버지가 계시니까.
돌아가셨잖아?

계시니까.
그것뿐이야?
친구도 있으니까.
지금도 아빠를 기억하는 친구 있을까?
없어도 친구가 있으니까.
기억도 못 해주는 친구는 뭐 해?
내가 사랑하니까.
사랑은 아무 데서나 자랄 수 있잖아?
아무 데서나 사는 건 아닌 것 같애.
아빠는 그럼 사랑을 기억하려고 시를 쓴 거야?
어두워서 불을 켜려고 썼지.
시가 불이야?
나한테는 등불이었으니까.
아빠는 그래도 어두웠잖아?
등불이 자꾸 꺼졌지.
아빠가 사랑하는 나라가 보여?
등불이 있으니까.
그래도 멀어서 안 보이는데?
등불이 있으니까.

―아빠, 갔다가 꼭 돌아와요. 아빠가 찾던 것은 아마 없을지도 몰라. 그렇지만 꼭 찾아보세요. 그래서 아빠, 더 이상 헤매지 마세요.

―밤새 내리던 눈이 드디어 그쳤다. 나는 다시 길을 떠난다. 오래 전 고국을 떠난 이후 쌓이고 쌓인 눈으로 내 발자국 하나도 식별할 수 없는 천지지만 맹물이 되어 쓰러지기 전에 일어나 길을 떠난다.

밤 노래 4

모여서 사는 것이 어디 갈대들뿐이랴.
바람 부는 언덕에서, 어두운 물가에서
어깨를 비비며 사는 것이 어디 갈대들뿐이랴.
마른 산골에서는 밤마다 늑대들 울어도
쓰러졌다가도 같이 일어나 먼지를 터는 것이
어디 우리나라의 갈대들뿐이랴.

멀리 있으면 당신은 희고 푸르게 보이고
가까이 있으면 슬프게 보인다.
산에서 더 높은 산으로 오르는 몇 개의 구름,
밤에는 단순한 물기가 되어 베개를 적시는 구름,
떠돌던 것은 모두 주눅이 들어 비가 되어 내리고
내가 살던 먼 갈대밭에서 비를 맞는 당신,
한밤의 어두움도 내 어리석음 가려주지 않는다.

강원도의 돌

나는 수석을 전연 모르지만
참 이쁘더군,
강원도의 돌.
골짜기마다 안개 같은 물냄새
매일을 그 물소리로 귀를 닦는
강원도의 그 돌들,
참, 이쁘더군.

세상의 별고 싸움이 무슨 상관이리.
물속에 누워서 한 백 년,
하늘이나 보면서 구름이나 배우고
돌 같은 눈으로
세상을 보고 싶더군.

참, 이쁘더군,
말끔한 고국의 고운 이마,
십일월에 떠난 강원도의 돌.

며루치는 국물만 내고 끝장인가

(아내는 맛있게 끓는 국물에서 며루치를
하나씩 집어내 버렸다. 국물을 다 낸 며루치는
버려야지요. 볼썽도 없고 맛도 없으니까요.)
며루치는 국물만 내고 끝장인가.

뜨겁게 끓던 그 어려운 시대에도
며루치는 곳곳에서 온몸을 던졌다.
(며루치는 비명을 쳤겠지. 뜨겁다고,
숨차다고, 아프다고, 어둡다고, 떼거리로
잡혀 생으로 말려서 온몸이 여위고
비틀어진 며루치 떼의 비명을 들으면.)

시원하고 맛있는 국물을 마시면서
이제는 쓸려나간 며루치를 기억하자.
(남해의 연한 물살, 싱싱하게 헤엄치던
은빛 비늘의 젊은 며루치 떼를 생각하자.
드디어 그 긴 겨울도 지나고 있다.)

비 오는 날

구름이 구름을 만나면
큰 소리를 내듯이
아, 하고 나도 모르게 소리치면서
그렇게 만나고 싶다, 당신을.

구름이 구름을 갑자기 만날 때
환한 불을 일시에 켜듯이
나도 당신을 따라서
잃어버린 내 길을 찾고 싶다.

비가 부르는 노래의 높고 낮음을
나는 같이 따라 부를 수가 없지만
비는 비끼리 만나야 서로 젖는다고
당신은 눈부시게 내게 알려준다.

꽃의 이유

꽃이 피는 이유를
전에는 몰랐다.
꽃이 필 적마다 꽃나무 전체가
작게 떠는 것도 몰랐다.

꽃이 지는 이유도
전에는 몰랐다.
꽃이 질 적마다 나무 주위에는
잠에서 깨어나는
물 젖은 바람 소리.

사랑해본 적이 있는가.
누가 물어보면 어쩔까.

북해

드디어 북해의 안개 속에서 만났다.
에든버러에서 북행기차로 두 시간,
다시 축축한 시외버스를 타고 도착한
북해의 목소리는 물에 젖어 있었다.
안개와 바람에 싸여 세월을 탕진하고
절벽 앞의 바다는 목이 쉬어 있었다.
춥게 오는 바다의 말은 옷 속에 스미고
주름투성이의 파도는 흰 머리를 숙였다.

사방이 깨끗한 조그만 식당 뒤꼍에서
앞치마 두른 처녀애가 들바람같이 웃었다.
세상을 대충 보면서 후회 없이 사는 들꽃,
착해서 눈물 많은 딸 하나 가지고 싶었다.
마을의 들꽃들이 꽃색을 바꾸는 저녁나절,
목소리 죽이고 노래 하나 부르고 싶었다.
내 딸은 또 말도 없이 웃고 말겠지.

문득 어두운 쪽을 감싸 안는 저 큰 무지개!

우화의 강

사람이 사람을 만나 서로 좋아하면
두 사람 사이에 물길이 튼다.
한쪽이 슬퍼지면 친구도 가슴이 메이고
기뻐서 출렁거리면 그 물살은 밝게 빛나서
친구의 웃음소리가 강물의 끝에서도 들린다.

처음 열린 물길은 짧고 어색해서
서로 물을 보내고 자주 섞여야겠지만
한세상 유장한 정성의 물길이 흔할 수야 없겠지.
넘치지도 마르지도 않는 수려한 강물이 흔할 수야 없겠지.

긴말 전하지 않아도 미리 물살로 알아듣고
몇 해쯤 만나지 못해도 밤잠이 어렵지 않은 강
아무려면 큰 강이 아무 의미도 없이 흐르고 있으랴.
세상에서 사람을 만나 오래 좋아하는 것이
죽고 사는 일처럼 쉽고 가벼울 수 있으랴.

큰 강의 시작과 끝은 어차피 알 수 없는 일이지만
물길을 항상 맑게 고집하는 사람과 친하고 싶다.
내 혼이 잠잘 때 그대가 나를 지켜보아 주고

그대를 생각할 때면 언제나 싱싱한 강물이 보이는
시원하고 고운 사람을 친하고 싶다.

물빛 1

내가 죽어서 물이 된다는 것을 생각하면 가끔 쓸쓸해집니다. 산골짝 도랑물에 섞여 흘러내릴 때, 그 작은 물소리를 들으면서 누가 내 목소리를 알아들을까요. 냇물에 섞인 나는 물이 되었다고 해도 처음에는 깨끗하지 않겠지요. 흐르면서 또 흐르면서, 생전에 지은 죄를 조금씩 씻어내고, 생전에 맺혀 있던 여한도 씻어내고, 외로웠던 저녁, 슬펐던 앙금들을 한 개씩 씻어내다 보면, 결국에는 욕심 다 벗은 깨끗한 물이 될까요. 정말 깨끗한 물이 될 수 있다면 그때는 내가 당신을 부르겠습니다. 당신은 그 물속에 당신을 비춰 보여주세요. 내 목소리를 귀담아 들어주세요. 나는 허황스러운 몸짓을 털어버리고 웃으면서, 당신과 오래 같이 살고 싶었다고 고백하겠습니다. 당신은 그제서야 처음으로 내 온몸과 마음을 함께 가지게 될 것입니다. 누가 누구를 송두리째 가진다는 뜻을 알 것 같습니까. 부디 당신은 그 물을 떠서 손도 씻고 목도 축이세요. 당신의 피곤했던 한 세월의 목마름도 조금은 가셔지겠지요. 그러면 나는 당신의 몸 안에서 당신이 될 것입니다. 그리고 나는 내가 죽어서 물이 된 것이 전연 쓸쓸한 일이 아닌 것을 비로소 알게 될 것입니다.

눈 오는 날의 미사

하늘에 사는 흰옷 입은 하느님과
그 아들의 순한 입김과
내게는 아직도 느껴지다 말다 하는
하느님의 혼까지 함께 섞여서
겨울 아침 한정 없이 눈이 되어 내린다.

그 눈송이 받아 입술을 적신다.
가장 아름다운 모형의 물이
오래 비어 있던 나를 채운다.
사방에 에워싸는 하느님의 체온,
땅에까지 내려오는 겸손한 무너짐.
눈 내리는 아침은 희고 따뜻하다.

3

보이는 것을 바라는 것은 희망이 아니므로*

경상도 하회 마을을 방문하러 강둑을 건너고
강진의 초당에서는 고운 물살 안주 삼아 한잔한다는
친구의 편지에 몇 해 동안 입맛만 다시다가
보이는 것을 바라는 것은 희망이 아니므로,
향기 진한 이탈리아 들꽃을 눈에서 지우고
해 뜨고 해 지는 광활한 고원의 비밀도 지우고
돌침대에서 일어나 길 떠나는 작은 성인의 발.
보이는 것을 바라는 것은 희망이 아니므로,
피붙이 같은 새들과 이승의 인연을 오래 나누고
성도 이름도 포기해버린 야산을 다독거린 후
신들린 듯 엇싸엇싸 몸의 모든 문을 열어버린다.
머리 위로는 여러 개의 하늘이 모여 손을 잡는다.
보이는 것을 바라는 것은 희망이 아니므로,
보이지 않는 나라의 숨, 들리지 않는 목소리의 말,
먼 곳 어렵게 헤치고 온 아득한 시간 속을 가면서.

*) 신약 「로마서」 8: 24.

방문객

무거운 문을 여니까
겨울이 와 있었다.
사방에서는 반가운 눈이 내리고
눈송이 사이의 바람들은
빈 나무를 목숨처럼 감싸 안았다.
우리들의 인연도 그렇게 왔다.

눈 덮인 흰 나무들이 서로
더 가까이 다가가고 있었다.
복잡하고 질긴 길은 지워지고
모든 바다는 해안으로 돌아가고
가볍게 떠올랐던 하늘이
천천히 내려와 땅이 되었다.

방문객은 그러나, 언제나 떠난다.
그대가 전하는 평화를
빈 두 손으로 내가 받는다.

담쟁이꽃

내가 그대를 죄 속에서 만나고
죄 속으로 이제 들어가느니
아무리 말이 없어도 꽃은
깊은 고통 속에서 피어난다.

죄 없는 땅이 어느 천지에 있던가
죽은 목숨이 몸서리치며 털어버린
핏줄의 모든 값이 산불이 되어
내 몸이 어지럽고 따뜻하구나.

따뜻하구나, 보지도 못하는 그대의 눈.
누가 언제 나는 살고 싶다며
새 가지에 새순을 펼쳐내던가.
무진한 꽃 만들어 장식하던가.
또 몸 풀듯 꽃잎 다 날리고
헐벗은 몸으로 작은 열매를 키우던가.

누구에겐가 밀려가며 사는 것도
눈물겨운 우리의 내력이다.
나와 그대의 숨어있는 뒷일도
꽃잎 타고 가는 저 생의 내력이다

박꽃

그날 밤은 보름달이었다.
건넛집 지붕에는 흰 박꽃이
수없이 펼쳐져 피어 있었다.
한밤의 달빛이 푸른 아우라로
박꽃의 주위를 감싸고 있었다.
―박꽃이 저렇게 아름답구나.
―네.
아버지 방 툇마루에 앉아서 나눈 한 마디,
얼마나 또 오래 서로 딴생각을 하며
박꽃을 보고 꽃의 나머지 이야기를 들었을까.
―이제 들어가 자려무나.
―네, 아버지.
문득 돌아본 아버지는 눈물을 닦고 계셨다.

오래 잊었던 그 밤이 왜 갑자기 생각났을까.
내 아이들은 박꽃이 무엇인지 한번 보지도 못하고
하나씩 나이 차서 집을 떠났고
그분의 눈물은 이제야 가슴에 절절히 다가와
떨어져 있는 것이 하나 외롭지 않고
내게는 귀하게만 여겨지네.

이 세상의 긴 강

　　1

일찍 내린 저녁 산 그림자 걸어 나와
폭 넓은 저문 강을 덮기 시작하면
오래된 강 물결 한결 가늘어지고
강의 이름도 국적도 모두 희미해지는구나

국적이 불분명한 강가에 자리 마련하고
자주 길을 잃는 내 최근을 불러 모아
잠 속에서 뒤척이는 물소리 들으며 밤을 지새면
국적이 불분명한 너와 나의 몸도
깊이 모를 이 강의 모든 물에 젖고
아, 사람들이 이렇게 물로 통해 있는 한
우리가 모두 고향 사람인 것을 알겠구나.

마침내 무거운 밤 헤치고 새벽이 스며든다.
수만 개로 반짝이는 눈부신 물의 눈.
강물들 서로 섞여서 몸과 몸을 비벼댄다.
아, 그 물빛, 어디선가 내 젊었을 때 보았던 빛,
그렇게 하나같이 비슷한 방향으로 가는 우리.
길 잃고도 쓰러지지 않는 동행을 알겠구나.

2

며칠 동안 혼자서, 긴 강이 흐르는 기슭에서 지냈다. 티브이도, 라디오도 없었고, 문학도 미술도 음악도 없었다. 있는 것은 모두 살아 있었다. 음악이 물과 바위 사이에 살아 있었고, 풀잎 이슬 만나는 다른 이슬의 입술에 미술이 살고 있었다. 땅바닥을 더듬는 벌레의 가는 촉수에 사는 시, 소설은 그 벌레의 깊고 여유 있는 여정에 살고 있었다.

있는 것은 모두 움직이고 있었다. 물이, 나뭇잎이, 구름이, 새와 작은 동물이 쉬지 않고 움직였고, 빗물이, 밤벌레의 울음이, 낮의 햇빛과 밤의 달빛과 강의 물빛과 그 모든 것의 그림자가 움직이고 있었다. 움직이는 세상이 내 주위에서 나를 밀어내며 내 몸을 움직여 주었다. 나는 몸을 송두리째 내어놓고 무성한 나뭇잎의 호흡을 흉내 내어 숨쉬기 시작했다.

마침내 나는 내 살까지도 살아 숨 쉬고 있는 것을 알 수 있었다. 숨 쉬는 몸이, 불안한 내 머리의 복잡한 명령을 떠나자 편안해지기 시작했다. 어깨가 가벼워지고 눈이 밝아지고,

나무 열매가 거미줄 속에 숨고, 곤충이 깃을 흔들어 내는 사랑 노래도 볼 수 있었다. 나는 세상의 모든 것이 하나가 되어 움직이고 있는 것을 드디어 알게 되었다.

    세상의 모든 것은 하나였다. 다를 수가 없었다. 그래서 나는 크고 작은 것의 차이에서 떠나기로 결심했다. 보이는 것과 안 보이는 것의 차이에서 떠나고, 살고 죽는 것의 차이에서 떠나기로 결심했다. 그것은 내게도 어려운 결심이었다. 며칠 후 인적 없는 강기슭을 떠나며 작별 인사를 하자 강은 말없이 내게 다가와 맑고 긴 강물 몇 개를 내 가슴에 넣어 주었다. 그래서 나는 강이 되었다.

이슬의 눈

가을이 첩첩 쌓인 산속에 들어가
빈 접시 하나 손에 들고 섰었습니다.
밤새의 추위를 이겨냈더니
접시 안에 맑은 이슬이 모였습니다.
그러나 그 이슬은 너무 적어서
목마름을 달랠 수는 없었습니다.
하룻밤을 더 모으면 이슬이 고일까,
그 이슬의 눈을 며칠이고 보면
맑고 찬 시 한 편 건질 수 있을까,
이유 없는 목마름도 해결할 수 있을까.

다음 날엔 새벽이 오기도 전에
이슬 대신 낙엽 한 장이 어깨에 떨어져
부질없다, 부질없다 소리치는 통에
나까지 어깨 무거워 주저앉았습니다.
이슬은 아침이 되어서야 맑은 눈을 뜨고
간밤의 낙엽을 아껴주었습니다
―당신은 그러니, 두 눈을 뜨고 사세요.
앞도 보고 뒤도 보고 위도 보세요.
다 보이지요? 당신이 가고 당신이 옵니다.

당신이 하나씩 다 모일 때까지, 또 그 후에도
눈뜨고 사세요. 바람이나 바다 같이요.
바람이나 산이나 바다같이 사는
나는 이슬의 두 눈을 보았습니다. 그 후에도
바람의 앞이나 바다의 뒤에서
두 눈 뜬 이슬의 눈을 보았습니다.

섬

그해 여름에는 여의도에 홍수가 졌다.
시범아파트도 없고 국회도 없었을 때
나는 지하 3호실에서 문초를 받았다.
군인사법 94조가 아직도 있는지 모르지만
조서를 쓰던 분은 말이 거세고 손이 컸다.

그해 여름 내내 나는 섬을 생각했다.
수갑을 차고 굴비처럼 한 줄로 묶인 채
아스팔트 녹아나는 영등포 길로 끌려가면서
세상에서 가장 심심한 작은 섬 하나 생각했었다.
그 언덕바지 양지에서 들풀이 되어 살고 싶었다.

곰팡이 냄새 심하던 철창의 감방은 좁고 무더웠다.
보리밥 한 덩이 받아먹고 배 아파하며
집총한 군인의 시끄러운 취침 점호를 받으면서도
깊은 밤이 되면 감방을 탈출하는 꿈을 꾸었다.
시끄러운 물새도 없고 꽃도 피지 않는 섬.

바다는 물살이 잔잔한 초록색과 은색이었다.
군의관 계급장도 빼앗기고 수염은 꺼칠하게 자라고

자살 방지라고 혁대도 구두끈도 다 빼앗긴 채
곤욕으로 무거운 20대의 몸과 발을 끌면서
나는 그 바다에 누워 눈감고 세월을 보내고 싶었다.

면회 온 친구들이 내 몰골에 놀라서 울고 나갈 때,
동지여, 지지 말고 영웅이 되라고 충고해줄 때,
탈출과 망명의 비밀을 입안 깊숙이 감추고
나는 기어코 그 섬에 가리라고 결심했었다.
이기고 지는 것이 없는 섬, 영웅이 없는 그 섬.

드디어 석방이 되고 앞뒤 없이 나는 우선 떠났다.
그러나 도착한 곳이 내 섬이 아닌 것을 알았을 때
아버지는 돌아가셨고 나는 부양가족이 있었다.
오래전, 그 여름 내내 매일 보았던 신기한 섬.
나는 아직도 자주 꿈꾼다. 그 조용한 섬의 미소,
어디쯤에서 떠다니고 있을 그 푸근한 섬의 눈물을

별, 아직 끝나지 않은 기쁨

오랫동안 별을 싫어했다. 내가 멀리 떨어져 살고 있기 때문인지 너무나 멀리 있는 현실의 바깥에서, 보였다 안 보였다 하는 안쓰러움이 싫었다. 외로워 보이는 게 싫었다. 그러나 지난여름 북부 산맥의 높은 한밤에 만난 별들은 밝고 크고 수려했다. 손이 닿길 것같이 가까운 은하수 속에서 편안히 누워 잠자고 있는 맑은 별들의 숨소리도 정다웠다.

사람만이 얼굴을 들어 하늘의 별을 볼 수 있었던 옛날에는 아무 데서나 별과 이야기를 나눌 수 있었다. 그러나 시간이 빨리 지나가는 요즈음 사람들은 더 이상 별을 믿지 않고 희망에서도 등을 돌리고 산다. 그 여름 얼마 동안 밤새껏, 착하고 신기한 별밭을 보다가 나는 문득 돌아가신 내 아버지와 죽은 동생의 얼굴을 보고 반가운 이야기를 나누기도 했다.

사랑하는 이여,
세상의 모든 모순 위에서 당신을 부른다.
괴로워하지도 슬퍼하지도 말아라.
순간적이 아닌 인생이 어디에 있겠는가.
내게도 지난 몇 해는 어렵게 왔다.
그 어려움과 지친 몸에 의지하여 당신을 보느니

별이여, 아직 끝나지 않은 애통한 미련이여,
도달하기 어려운 곳에 사는 기쁨을 만나라.
당신의 반응은 하느님의 선물이다.
문을 닫고 불을 끄고
나도 당신의 별을 만진다.

겨울 묘지

피붙이의 황량한 묘지 앞에 서면
생시의 모습이 춥고 애잔해서
눈 오시는 날에도 가슴 미어지는구나.

살고 죽는 것이 날아가는 눈 같아
우리가 서로 섞여서 어디로 간다지만
그 어려운 계산이 모두 적멸에 빠져
오늘은 긴 눈발 속에 아무도 보이지 않네.

무슨 소식이라도 들을까 두 손에 눈을 받아도
소식 한 장 어느새 눈물방울로 변하고
귀에 익은 침묵만 미궁의 주위를 적시네.

내 눈이 공연히 시려오는 잿빛 하늘
눈이 와서 또 쌓여서 비석까지 덮는다.
움직이는 슬픔이 움직이지 못하는 슬픔을 만나
깨끗한 무게로 서로를 달래주는구나.

그렇다 우리는 도저히 헤어지지 않는다.
네 숨결은 묘지 근처의 맑고 찬 공기,
하늘이 더 낮게 내려와 우리는 손을 잡는다.
어느새 눈이 그치고 바람이 자고 우리가,

개심사 開心寺

구름 가까이에 선 골짜기 돌아
스님 한 분 안 보이는 절간 마당,
작은 불상 하나 마음 문 열어놓고
춥거든 내 몸 안에까지 들어오라네.

세상에서 제일 크고 넓은 색깔이
양지와 음지로 나뉘어 절을 보듬고
무거운 지붕 짊어진 허리 휜 기둥들,
비틀리고 찢어진 늙은 나무 기둥들이
몸을 언제나 단단하게 지니라고 하네.

절 주위의 나무뿌리들은 땅을 헤집고 나와
여기저기 산길에 드러누워 큰 숨을 쉬고
어린 대나무들 파랗게 언 맨손으로
널려진 자비 하나라도 배워보라 손짓하네.

4

그레고리안 성가 2

저기 날아가는 나뭇잎에게 물어보아라,
공중에 서 있는 저 바람에게 물어보아라,
저녁의 해변에는 한 사람도 없었다.
갈매기 몇 마리, 울다가 찾다가 어디 숨고
생각에 잠긴 구름이 살 색깔을 바꾸고
혼자 살던 바다가 부끄러워 얼굴을 붉혔다.

해변에 가서 그레고리안 성가를 듣는다.
파이프 오르간의 젖은 고백이 귀를 채운다.
상처를 아물게 하는 차가운 아멘의 바다,
밀물결이 또 해안의 살결을 쓰다듬었다.
나도 낮은 파도가 되어 당신에게 다가갔다.
시간이 멈추고 석양이 푸근하게 가라앉았다.
입 다문 해안이 잔잔한 꿈을 꾸기 시작했다.
나도 떠도는 내 운명을 원망하지 않기로 했다.

길

높고 화려했던 등대는 착각이었을까.
가고 싶은 항구는 찬비에 젖어서 지고
아직 믿기지는 않지만
망망한 바다에도 길이 있다는구나.
같이 늙어가는 사람아,
들리냐.

바닷바람은 속살같이 부드럽고
잔 물살들 서로 만나 인사 나눌 때
물안개에 덮인 집이 불을 낮추고
검푸른 바깥이 천천히 밝아왔다.
같이 저녁을 맞는 사람아,
들리냐.

우리들도 처음에는 모두 새로웠다.
그 놀라운 처음의 새로움을 기억하느냐,
끊어질 듯 가늘고 가쁜 숨소리 따라
피 흘리던 만조의 바다가 신선해졌다.

나는 내가 살아 있다는 것을 몰랐다.

거기 누군가 귀를 세우고 듣는다.
멀리까지 마중 나온 바다의 문 열리고
이승을 건너서, 집 없는 추위를 지나서
같은 길 걸어가는 사람아,
들리냐.

축제의 꽃

가령 꽃 속에 들어가면
따뜻하다
수술과 암술이
바람이나 손길을 핑계 삼아
은근히 몸을 기대며
살고 있는 곳.

시들어 고개 숙인 꽃까지
따뜻하다
임신한 몸이든 아니든
혼절의 기미로 이불도 안 덮은 채
연하고 부드러운 자세로
깊이 잠들어버린 꽃.

내가 그대에게 가는 여정도
따뜻하리라.
잠든 꽃의 눈과 귀는
이루지 못한 꿈에 싸이고
이별이여, 축제의 표적이여.
애절한 꽃가루가 만발하게
우리를 온통 적셔 주리라.

이름 부르기

우리는 아직 서로 부르고 있는 것일까.
검은 새 한 마리 나뭇가지에 앉아
막막한 소리로 거듭 울어대면
어느 틈에 비슷한 새 한 마리 날아와
시치미 떼고 옆 가지에 앉았다.
가까이서 날개로 바람도 만들었다.

아직도 서로 부르고 있는 것일까.
그 새가 언제부턴가 오지 않는다.
아무리 이름 불러도 보이지 않는다.
한적하고 가문 밤에는 잠꼬대 되어
같은 가지에서 자기 새를 찾는 새.

방 안 가득 무거운 편견이 가라앉고
멀리 이끼 낀 기적 소리가 낯설게
밤과 밤 사이를 뚫다가 사라진다.
가로등이 하나씩 꺼지는 게 보인다.
부서진 마음도 보도에 굴러다닌다.

이름까지 감추고 모두 혼자가 되었다.
우리는 아직 서로 부르고 있는 것일까

알래스카 시편 1

　　1
네가 올 때까지는
물소리밖에 없었다.
높은 빙산이 녹아 흐르는
연둣빛 물소리밖에 없었다.
네가 오고 나서야 비로소
분홍빛의 밝고 진한 잡초 꽃들이
산과 골을 덮으면서 피어났다.
그리고 바람이 늦게 도착했다.

분홍 꽃들이 바람과 춤추고
가문비나무들은 그늘 쪽에 서서
장단에 맞추어 몸을 흔들었다.
왁자하던 꽃들이 잠잠해지자
저녁이 왔다. 정말이다.
네가 여기 올 때까지는
물소리밖에 없었다.

2

당신은 머리를 잠시 들어
주위를 살폈을 뿐이라고 하지만
당신이 와서야 파란 하늘이 생겼다.
정말이다, 지난날의 숨덩어리들
하늘 밑에 구름도 생겼다,
잡초 꽃들이 고개 한 번 숙인 것 같은데
양쪽으로 분홍빛 길이 만들어졌다.

저 높은 끝에서 여기까지 오는 길.
누구도 걸어보지도 않는 길로
당신이 화해를 하자며 걸어왔다.
정말이다, 잡은 당신의 손이
따뜻하고 편안하게 느껴졌다.
내가 걸어가야 할 남은 길이
옛날같이 다정하고 확실하게 보였다.

꿈꾸는 당신

내가 채워주지 못한 것을
당신은 어디서 구해 빈터를 채우는가.
내가 덮어주지 못한 곳을
당신은 어떻게 탄탄히 메워
떨리는 오한을 이겨내는가.

헤매며 한정 없이 찾고 있는 것이
얼마나 멀고 험난한 곳에 있기에
당신은 돌아눕고 돌아눕고 하는가
어느 날쯤 불안한 당신 속에 들어가
늪 속 깊이 숨은 것을 찾아주고 싶다.

밤새 조용히 신음하는 어깨여,
시고 매운 세월이 얼마나 길었으면
약 바르지 못한 온몸의 피멍을
이불만 덮은 채로 참아내는가.

쉽게 따뜻해지지 않는 새벽 침상,
아무리 인연의 끈이 질기다 해도
어차피 서로를 다 채워줄 수는 없는 것

아는지, 빈 가슴 감춘 채 멀리 떠나며
수십 년의 밤을 불러 꿈꾸는 당신.

캄보디아 저녁

천 년을 산 나비 한 마리가
내 손에 지친 몸을 앉힌다.
천 년 전 앙코르와트에서
내 손이 바로 꽃이었다는 것을
나비는 어떻게 알아보았을까.

그해에 내가 말없이 그대를 떠났듯
내 몸 안에 사는 방랑자 하나
손 놓고 깊은 노을 속으로 다시 떠난다.
뜨겁고 무성하고 가난한 나라에서
뒤뜰로만 돌아다니는 노란 나비.

흙으로 삭아가는 저 큰 돌까지
늙어 그늘진 내 과거였다니!
이제 무엇을 또 어쩌자고
노을은 날개를 접으면서
자꾸 내 잠을 깨우고 있는가.

비밀 2

우리들 비밀은 갈대밭이야.
바람보다 더 가벼운 갈대밭이야.
아무리 흔들려도 소리 내지 않는
꺾어진 빈 대궁이의 없는 공기야.
그래서 그것은 보이지도 않고
우리를 미행하는 그림자일 뿐,
미행하는 그림자의 없는 흔적이야.
겨울이 또 우리를 지나가는군.
안식의 깊은 겨울은 다 어디 갔는지.
이제는 말없이 매해 추위에 떨 뿐이지만
우리는 알아, 또 눈부시게 믿고 있지.
드디어 저 환한 비밀의 눈뜸.

내가 다시 영혼의 목마른 자유인이 되어
당신의 끝없는 갈대밭을 헤쳐 가다가
내 눈을 뜨게 하는 당신의 몸짓.
꺾어진 비밀의 진한 육질이 흘러도
눈감지 않는 우리들의 어리석음이야.

포르투갈 일기 1

돌아서 오느라 좀 늦었을 뿐인데
도시는 벌써 바다를 지나쳐버리고
나는 지브롤터를 거쳐 도착했다.
나보고 지금 외롭냐고 물었냐?

항구에는 비가 헤매고, 가로등 하나 없는
자갈 포장길을 줄줄이 내려가서
어두운 지하 식당에서 저녁을 받았지만
생선 요리에 허기진 밥까지 놓고도
습기 찬 파두의 음악에 목이 메었다.

망토를 두른 늙은 가수는 뒤돌아서서
노래를 하는 건지 한숨으로 우는 건지
아니면 밤비가 노래를 적시는 것인지
돌보다 무거운 비에 내 몸이 아파왔다.
나보고 지금 외롭냐고 물었냐?

물론이다, 나도 한때는
주위의 인간을 뛰어넘으려고
장대를 길게 잡고 높이 뛰었다.

부끄럽지만 그때 눈을 빛내며
내가 내려다본 것은 무엇이었을까.

이제 아무것도 보이지 않는다.
시간이 좀 늦었을 뿐인데, 돌아온
항구에는 드문드문 긴 밤이 서 있고
졸음 가득 찬 자갈 포장길이 중얼거리며
노숙에 지친 나를 앞서 가고 있다.

5

그림 그리기 1

그림 그리기를 시작했다.
겨울같이 단순해지기로 했다.
창밖의 나무는 잠들고
형상形象의 눈은
헤매는 자의 뼈 속에 쌓인다.

항아리를 그리기 시작했다.
빈 들판같이 살기로 했다.
남아 있던 것은 모두 썩어서
목마른 자의 술이 되게 하고
자라지 않는 사랑의 풀을 위해
어둡고 긴 내면의 길을
핥기 시작했다.

그림 그리기 4

1

한 그루 나무를 그린다, 외롭겠지만
마침내 혼자 살기로 결심한 나무.
지난여름은 시끄러웠다. 이제는
몇 개의 빈 새집을 장식처럼 매달고
이해 없는 빗소리에 귀 기울이는 나무.
어둠 속에서는 아직도 뜬소문처럼
사방의 새들이 날아가고, 유혹이여.
눈물 그치지 않는 한세상의 유혹이여.

2

요즈음에는 내 나이 또래의 나무에게
관심이 많이 간다.
큰 가지가 잘려도
오랫동안 느끼지 못하고
잠시 눈을 주는 산간의 바람도
지나간 후에야 가슴이 서늘해온다.
인연의 나뭇잎 모두 날리고 난 후
반백색 그 높은 가지 끝으로
소리치며 소리치며 가리키는 것은 무엇인가.

아내의 잠

한밤에 문득 잠 깨어
옆에 누운 이십 년 동안의 아내
작게 우는 잠꼬대를 듣는다.
간간이 신음 소리도 들린다.
불을 켜지 않은 세상이 더 잘 보인다.

멀리서 들으면 우리들 사는 소리가
결국 모두 신음 소리인지도 모르지.
이치피 혼자일 수밖에 없는 것,
그것 알게 된 것이 무슨 대수랴만,
잠 속에서 작게 우는 법을 배우는 아내여,
마침내 깊어지는 당신의 내력이여.

디아스포라의 황혼

내가 원했던 일은 아니지만
안녕히 계세요,
나는 이제 떠나겠습니다.
산다는 것은 늘 떠나는 것이라지만
강물도 하루 종일 떠나기만 하고
물살의 혼처럼 물새 몇 마리
내 눈에 흰 그림자를 남겨줍니다.

한평생이라는 것이
길고 지루하기만 한 것인지,
덧없이 짧기만 한 것인지
가늠할 수 없는 고개까지 왔습니다.
그대를 지켜만 보며, 기다리며
나는 어느 변방에서 산 것입니까.

순박하고 트인 삶만이 시인의 길이고
마지막 유산일 것이라고 굳게 믿었던
경건하고 싱싱한 날들은 멀리 가고
저녁이 색을 바꾸며 졸고 있습니다.

당신의 마지막 포옹만 믿겠습니다.
내 노래는 그대를 만나서야, 드디어
벗은 몸의 황홀한 화음을 탔습니다.
주위의 감정이 눈치 보며 소리 죽이고
숨결의 부드러움만 내게 남는 것이
이 나이 되어서야 새삼 눈물겹네요.

국경은 메마르다

이제 알겠니.
내가 왜 너와 한 몸이
되고 싶어 했는지.

나라와 나라 사이,
너와 나 사이,
마지막 거부의
칼날 빛 차가운 철책.

어색한 술수와 욕망으로
국경은 푸른 산을 가로지르고
물살 센 강물도 잘게 자른다.

그렇다, 국경의 피부는
거칠다.

이제 알겠니,
내가 왜 이리 오래도록
사랑하는 나라를 떠나 사는지.

그리고 이제 알겠니,
내가 왜 더 가까이 다가가
기회만 있으면 네 몸에 비벼댔는지,
광야의 비바람을 가리고
설레는 입술을 맞추고 말았는지.

동백을 보내며

1. 봄비

봄이 뒤뜰에서 잠자는 동안
붉은 입술만 가지고 와서
처음부터 나를 떨게 하던 꽃,
긴 잠 깨어 찬비 맞는 날
뒤도 돌아보지 않고 노여움에
퍽, 퍽 소리 내며 땅에 지던 꽃.

떠나지 마라
그림자만 가득한 저 큰 눈,
왜 울타리 꽃이 되었느냐고
원망하는 희미한 방언마저도
헤쳐 온 길목에 몸이 다 젖어
목도리도 외투도 벗어 던지고
맨몸으로 다가오는
봄의 가슴들.

2. 버클리 대학 겹동백

다시 시작했으면 좋겠다.

모두 자기 자리로 되돌아가서
동백은 고창 선운사 뒷길, 아니면
부산이나 마산 쪽에서 하나씩 시작해
초순경에 내 방을 올려다보는 눈,
버클리 대학 겹동백의 붉은 꽃잎이 되거나
대학 교정을 종일 싸도는 노란 꽃술이 되거나.

언제라도 지도 없이도
나는 네게 길 수가 있다.
사십 년 이상 닳도록 넘나든 태평양,
그 거리와 폭음과 시차를 다 돌려주고
안팎을 둘러싸고 있는 정갈한 혼과
겹동백의 침묵만 싸들고 돌아가겠다.

완전한 것은 이승에는 없다.
동백, 당신이 내 속에서 울먹여
내가 겨우 연명할 뿐이다. 그뿐이다

3. 아버지의 동백

10대 나이에 연상의 유부녀를 사랑한 내 아버지,
배신으로 헤어진 후, 추억의 책 한 권 출간하셨는데
그 표지 그림은 붉게 피 흘리며 만개한 동백 한 송이.
오랜만에 다시 보는 연상의 동백이 많이도 늙어 있다.

해가 가도 일주일의 동거와 추운 기다림만 남아 있는
봄 날씨보다 먼저 피어서 석양 속으로 지는 두 뺨,
아버지 떠나신 지도 한참 되었는데 아직도 당신인가,
원망의 시선 감추지 못하고 동백을 찾던 목소리가 떤다.

파타고니아의 양

거친 들판에 흐린 하늘 몇 개만 떠 있었어.
내가 사랑을 느끼지 못한다 해도
어딘가에 존재한다는 것만은 믿어보라고 했지?
그래도 굶주린 콘도르는 칼바람같이
살아 있는 양들의 눈을 빼먹고, 나는
장님이 된 양을 통째로 구워 며칠째 먹었다.

어금니 두 개뿐, 양들은 아예 윗니가 없다.
열 살이 님으면 아랫니마저 차츰 닳아 없어지고
가시보다 드센 파타고니아 들풀을 먹을 수 없어
잇몸으로 피 흘리다 먹기를 포기하고 죽는 양들.

사랑이 어딘가에 존재할 것이라고 믿으면, 혹시
파타고니아의 하늘은 하루쯤 환한 몸을 열어줄까?
짐승 타는 냄새로 추운 벌판은 침묵보다 살벌해지고
올려다볼 별 하나 없어 아픈 상처만 덧나고 있다.
남미의 남쪽 변경에서 만난 양들은 계속 죽기만 해서
나는 아직도 숨겨온 내 이야기를 시작하지 못했다.

익숙지 않다

그렇다, 나는 아직
세상을 어떻게 살아야 하는지
익숙지 않다.

강물은 여전히 우리를 위해
눈빛을 열고 매일 밝힌다지만
시들어 가는 날은 고개 숙인 채
길 잃고 헤매기만 하느니.

가난한 마음이란 어떤 삶인지,
따뜻한 마음이란 무슨 뜻인지,
나는 모두 익숙지 않다.

죽어가는 친구의 울음도
전혀 익숙지 않다.
친구의 재 가루를 뿌리는
침몰하는 내 육신의 아픔도,
눈물도, 외진 곳의 이명도
익숙지 않다.

어느 빈 땅에 벗고 나서야
세상의 만사가 환히 보이고
웃고 포기하는 일이 편안해질까.

북해의 억새

정확히는 해안이 아니었어.
북해를 하염없이 내려다보고 있는 능선,
그 언덕에 핀 지천의 은빛 억새꽃이
며칠째 메아리의 날개를 내게 팔았지.
저녁 바람을 만나는 억새의 황홀을 정말 아니?

그래도 가을 한 자락이 황혼 쪽에 남았다고
암술과 수술을 구별하기 힘든 억새꽃이
뺨 위의 멍 자국만 남은 내게 다가와
만발한 집착은 버려야 한다고 중얼거렸다.

나는 왜 오래 장소에만 집착하며 살아왔는지,
내가 사는 곳에는 사철 열등감만 차 있고
눈이 올 듯 늘 어둡고 흐려야만 안심을 했지.
그래서 순천에서 만난 억새는 놀라움이었어.
북해에 살던 그 풀들도 친척이 된다는 말,
얼마나 내 묵은 심사를 편하게 해주었던지.

나는 이제 아무 데나 엎드려 잠잘 수 있다.
하루 종일 자유롭게 길 떠나는 씨를 안은 꽃,

꽃이라 부르기엔 눈치 보이던, 북해의
외딴 억새도 고향의 화사한 피의 형제라니!
저녁이면 음정이 같은 메아리가 된다니!

변하지 않는 시야에 서 있는 귀향의 끝,
평범하게 말없이 살자고 약속했던 그대여,
끝없는 추락까지 그리워하며 잠들던 그대여,
나도 안다, 우리는 아직 여행을 끝내지 않았다.
내가 찾던 평생의 길고 수척한 행복을 우연히
넓게 퍼진 수억의 낙화 속에서 찾았을 뿐이다.

오래된 봄의 뒷길

그때가 봄철이었다는 것도 몰랐다.
모든 꽃이 왜 그렇게 빛나게 밝았는지도
꽃을 보던 친구가 왜 갑자기 떠났는지도
그때는 아무것도 몰랐다.

그런 날이 있었다.
더 도도하고 더 맑고 더 반짝였던 시절,
나는 썩어가는 감방의 꿈속에서 시들었다.
억울하게 매 맞아본 사람만 아는 그 구석.

이제 곧 여름이 오고
나를 떠나게 했던 혁명도 잠들고
돌아오지 못한 이념의 불도 시들면
뜰의 장미, 백합, 비둘기와 햇살……
그 설레는 아침의 예언이
낮은음으로 우리를 감싸 안으리.

너는 내게는 유일한 몸이었다.
뒤돌아선 날의 내 피가 보였니?
밤마다 입술을 깨물던 초조함도,
다듬지 않은 긴 머리털도 보였니?

은퇴한 나무의 아직 엉성한 잎사귀에
오래전에 버리고 간 봄의 간청이 잠 깬다.
내일은 길고 멀어서 확인할 수 없고
그래, 맞다, 너는 나를 빛나게 했다.
저기 장미, 백합, 비둘기와 저녁 햇살……

길목에 서 있는 바람

한 세월 멀리 겉돌다 돌아와 보니
너는 떠날 때 손 흔들던 그 바람이었구나.

새벽 두 시도 대낮같이 밝은
쓸쓸한 북해와 노르웨이가 만나는 곳
오가는 사람도 없어 잠들어가는
작고 늙은 땅에 손금처럼 남아
기울어진 나그네 되어 서 있는 길목들,
떠나버린 줄만 알았던 네가 일어나
가벼운 몸으로 손을 잡을 줄이야.

바람은 흐느끼는 부활인가, 추억인가,
떠돌며 힘들게 살아온 탓인지
아침이 되어서야 이슬에 젖는 바람의 잎,
무모한 생애의 고장 난 신호등이
나이도 잊은 채 목 쉰 노래를 부른다.
두고 온 목소리가 나를 부른다.
바람이 늘 흐느낀다는 마을,
이 길목에 와서야 겨우 알겠다.

마 종 기

연 보

1939년 일본 도쿄에서 동화작가 마해송과 여성무용가 박외선의 장남으로 태어나 서울에서 자라다.

1959년 연세대학교 의과대학에 진학하다. 본과학년 재학 중 시인 박두진의 추천으로 ≪현대문학≫에 「해부학교실」 「나도 꽃으로 서서」 등을 발표하며 등단하다.

1960년 첫 시집 『조용한 개선』(부민문화사)을 간행하다. 이 시집으로 제1회 연세문학상을 수상하다.

1963년 연세대학교를 졸업하고 공군 중위로 임관.

1964년 서울대학교 의과대학원에 입학하다. 문덕수, 신동엽, 이형기 등과 시 동인 <시단>에서 활동하다.

1965년 시집 『두 번째 겨울』(부민문화사)을 간행하다. 공군 군의관으로 복무 중 '재경문인 한일회담 반대선언에'에 참여한 것으로 인해 공군방첩 대에 체포되어, 어떤 처우를 받았는지 발설 않겠다는 것과 외국에 나가 돌아오지 않겠다는 약속을 하고 공소유예 10일 만에 석방되다.

1966년 미국으로 건너가 오하이오 주립대학교에서 수련의 과정을 거쳐 방사선과 전문의가 되었다. 오하이오 의과대학 방사선과 교수 시절 '올해 최고의 교수상'을 수상했으며 이후 톨레도 아동병원 방사선과 부원장을 역임하였다.

1968년 황동규, 김영태와 함께 3인 공동시집 『평균율 1권』(현대문학사)을 간행하다.

1972년 황동규, 김영태와 함께 3인 공동시집 『평균율 2권』(현대문학사)을 간행하다.

1976년 시집 『변경의 꽃』(지식산업사)을 간행하다. 한국문학작가상을 수상하다.

1980년 시집 『안 보이는 사랑의 나라』(문학과지성사)를 간행하다.

1982년 시선집 『마종기 시선』(지식산업사)을 간행하다.

1986년 시집 『모여서 사는 것이 어디 갈대들뿐이랴』(문학과지성사)를 간행하다.

1989년 미주문학상을 수상하다.

1991년 시집 『그 나라 하늘빛』(문학과지성사)을 간행하다.

1997년 시집 『이슬의 눈』(문학과지성사)을 간행하다. 편운문학상을 수상하다. 이산문학상을 수상하다.

1999년 『마종기 시전집』(문학과지성사)을 간행하다.

2002년 시집 『새들의 꿈에서는 나무 냄새가 난다』(문학과지성사)를 간행하다. 의사생활에서 은퇴한 후 2002년부터 6년간 미국과 서울을 오가며 모교인 연세대학교 의과대학 초빙교수로 <문학과의학>을 강의하다.

2003년 동서문학상을 수상하다. 산문집 『별, 아직 끝나지 않은 기쁨』(문이당)을 간행하다.

2004년 시선집 『보이는 것을 바라는 것은 희망이 아니므로』 (문학과지성사)를 간행하다.

2006년 시집 『우리는 서로 부르고 있는 것일까』(문학과지성사)를 간행하다.

2008년 시 「파타고니아의 양」 외 6편으로 제54회 현대문학상을 수상하다.

2009년 가수 루시드 폴과의 서간집 『아주 사적인, 긴 만남』 (웅진지식하우스)을 간행하다.

2010년 시집 『하늘의 맨살』(문학과지성사), 산문집 『당신을 부르며 살았다』(비채)를 간행하다.

2011년 제6회 박두진문학상, 제1회 고원문학상 수상하다.

〖한국대표명시선100〗을 펴내며

한국 현대시 100년의 금자탑은 장엄하다. 오랜 역사와 더불어 꽃피워온 얼·말·글의 새벽을 열었고 외세의 침략으로 역경과 수난 속에서도 모국어의 활화산은 더욱 불길을 뿜어 세계문학 속에 한국시의 참모습을 드러내게 되었다.

이 나라는 글의 나라였고 이 겨레는 시의 겨레였다. 글로 사직을 지키고 시로 살림하며 노래로 산과 물을 감싸왔다. 오늘 높아져 가는 겨레의 위상과 자존의 바탕에도 모국어의 위대한 용암이 들끓고 있음이다.

이제 우리는 이 땅의 시인들이 척박한 시대를 피땀으로 경작해온 풍성한 시의 수확을 먼 미래의 자손들에게까지 누리고 살 양식으로 공급하는 곳간을 여는 일에 나서야 할 때임을 깨닫고 서두르는 것이다.

일찍이 만해는 「님의 침묵」으로 빼앗긴 나라를 되찾고 잃어가는 민족정신을 일으켜 세우는 밑거름으로 삼았으며 그 기름의 뜻은 높은 뫼로 솟아오르고 너른 바다로 뻗어나가고 있다.

만해가 시를 최초로 활자화한 것은 옥중시 「무궁화를 심고자」(≪개벽≫ 27호 1922. 9)였다. 만해사상실천선양회는 그 아흔 돌을 맞아 만해의 시정신을 기리는 일의 하나로 '한국대표명시선100'을 펴내게 된 것이다.

이로써 시인들은 더욱 붓을 가다듬어 후세에 길이 남을 명편들을 낳는 일에 나서게 될 것이고, 이 겨레는 이 크나큰 모국어의 축복을 길이 가슴에 새겨나갈 것이다.

만해사상실천선양회

한국대표명시선100 | 마 종 기

이 세상의 긴 강

1판1쇄 인쇄	2013년 7월 25일
1판1쇄 발행	2013년 7월 31일

지 은 이 마 종 기
뽑 은 이 만해사상실천선양회
펴 낸 이 이 창 섭
펴 낸 곳 시인생각
등 록 번 호 제2012-000007호(2012.7.6)
주   소 경기도 양평군 옥천면 고읍로 164
          ㉾476-832
전   화 (031)955-4961
팩   스 (031)955-4960
홈 페 이 지 http://www.dhmunhak.com
이 메 일   lkb4000@hanmail.net

값 6,000원

ⓒ 마종기, 2013

ISBN 978-89-98047-96-2 03810

* 이 책의 저작권은 저자와 시인생각에 있습니다.
* 잘못된 책은 책을 구입하신 서점에서 교환하여 드립니다.

※ 이 책은 만해사상실천선양회의 지원으로 간행되었습니다.